Marketingmanagement für Einsteiger

Wie Sie mit dem richtigen Marketingmanagement Ihre Marke erschaffen und etablieren, nachhaltige Kundenbeziehungen aufbauen und Schritt für Schritt den Umsatz erhöhen trotz eines Käufermarktes

Sebastian Wahlig

INHALT

Was erwartet Sie in diesem Buch?

S ie interessieren sich für Marketingmanagement, aber benötigen eine Zusammenfassung der Grundlagen, um es richtig verstehen und Möglichkeiten für sich selbst bewerten zu können? Dann ist dieser Ratgeber genau das Richtige für Sie: Intelligentes Marketingmanagement ist ein wichtiges Instrument für den Markenaufbau und nachhaltige Kundenbindung.

Hier erhalten Sie einen Einstieg in das Marketingmanagement mit seinen wichtigsten Grundlagen: Was verbirgt sich heutzutage überhaupt hinter dem Begriff und welche Ziele werden damit verfolgt?

Sicherlich haben Sie schon einmal vom bekannten Marketing-Mix gehört, doch was genau verbirgt sich dahinter? Wie sieht es mit dem vorhandenen Markt aus, wie erfolgen Abgrenzungen und wie entwickelt man auf Basis dieser Informationen eine geeignete Marketingstrategie, um Kunden nachhaltig binden zu können?

Auf all diese Fragen werden Sie in diesem Buch leicht verständliche Antworten erhalten, die Ihnen helfen, einen Gesamtüberblick über die Grundlagen zu erhalten.

Darüber hinaus erhalten Sie wichtige Praxis-Tipps sowie einen 10-Schritte-Action-Plan zum Aufbau Ihres eigenen Marketingplans.

Einführung

MARKETINGMANAGEMENT IM 21. JAHRHUNDERT

Der Begriff Marketing bedeutet im Deutschen Absatzwirtschaft und umfasst eine Vielzahl von Strategien und Unternehmensaktivitäten mit dem Ziel, eine Marke, ein Produkt oder eine Dienstleistung für eine oder mehrere Zielgruppen zu präsentieren und letztendlich zu verkaufen. Dabei hat sich das Marketingmanagement in den letzten 100 Jahren einem großen Wandel unterzogen: Das uns heute bekannte Marketing entstand erst Ende des 19. Jahrhunderts, denn bis dahin gab es noch die altbekannten Verkäufermärkte. Das Produktangebot war im Vergleich zu heute noch sehr klein, weshalb sich die Anzahl möglicher Kunden auf weniger Produkte konzentrierte, aus denen eine Auswahl getroffen werden musste. Mit Voranschreiten der Industrialisierung und der daraus resultierenden Massenproduktion wuchs demnach auch die Vielzahl der Produkte und es entstanden die sogenannten Käufermärkte: Eine kontinuierlich wachsende Zahl an Anbietern steht im Wettbewerb und kämpft um eine geringere Anzahl an Kunden, die für das Produkt infrage kommen.

> **Gut zu wissen!** Auf dem heutigen Käufermarkt geht es nicht mehr darum, dass ein Kunde ein Produkt überhaupt kauft, sondern das Motto lautet: „Kauft meine Produkte anstelle denen meines Konkurrenten."

ZIELE

Warum sollten Sie sich über Marketingmaßnahmen informieren und sie einsetzen? Ganz einfach: Wie Sie in oben stehendem Absatz schon gelernt haben, sind die Märkte heute ganz anders aufgebaut und die Konkurrenz ist in den meisten Branchen sehr hoch. Also müssen Sie Ihre potenziellen Kunden irgendwie erreichen, um sie von Ihrem Produkt bzw. Ihrer Dienstleistung überzeugen zu können.

Doch auch hier muss noch einmal unterschieden

und definiert werden, was genau Ihr Unternehmens-
ziel ist, bevor Sie mit der Entwicklung einer Marketingstrategie beginnen können. Möchten Sie in erster
Linie Ihre Marke bewerben oder gleich in den Vertrieb
spezieller Produkte gehen?

Hier finden Sie einen Überblick über die wichtigsten
Brandingziele:

• Das Image einer (aufzubauenden) Marke generieren

• Die Reichweite und den Bekanntheitsgrad erhöhen

• Kunden durch Zufriedenheit binden und demnach
Markentreue schaffen

• Käuferpenetration erhöhen (d. h.: Wie groß ist der
Anteil der Käufer einer Marke in Bezug auf die Gesamtheit aller Käufer einer bestimmten Produkt-
gruppe?).

• Kaufvolumen erhöhen

• Markenkompetenz kommunizieren

Im Gegensatz dazu sind die vorrangigsten Ziele im
Vertriebsmarketing folgende:

• Mehr Absatz herbeiführen

• Umsatz und Deckungsbeitrag erhöhen

• Rentabilität steigern

• Marktanteil vergrößern

- Gewinn ausbauen
- Preisniveau anheben
- Distributionsgrad erweitern.

MARKETING-MIX

Der heutige Markt bietet unzählige Anbieter von Produkten und Dienstleistungen auf der ganzen Welt.

All diese Produzenten stehen miteinander im Wettbewerb und müssen daher ihre Produkte von denen der anderen differenzieren.

In diesem Zusammenhang zeigt der sogenannte Marketing-Mix verschiedene Möglichkeiten auf, eine solche Differenzierung vorzunehmen. Der Marketing-Mix besteht aus den klassischen „vier P", die alle Marketingbereiche zusammenfassen, die zur Erreichung der Ziele beitragen.

- **Product** (Produktpolitik)
- **Price** (Preispolitik)
- **Place** (Vertriebspolitik)
- **Promotion** (Kommunikationspolitik).

Besonders wichtig hierbei ist, dass alle Bereiche bzw. Aktivitäten genau aufeinander abgestimmt werden.

Man könnte auch sagen, dass der Marketing-Mix abstrakte Strategien in konkrete Pläne umsetzt. Im Folgenden wollen wir näher auf die einzelnen Instrumente eingehen:

Product – Produktpolitik

Der wichtigste Bestandteil eines Unternehmens sind die Produkte bzw. Dienstleistungen, die verkauft werden sollen.

Somit beinhaltet diese Säule alle Aktivitäten, die mit diesem Produkt einhergehen. Die Produktpolitik also ist von bedeutender Wichtigkeit im Marketing-Mix, denn hier liegt das zentrale Element eines jeden Unternehmens. Gleichzeitig bildet sie die Basis für die weiteren Marketingmaßnahmen. Entscheidend ist in diesem Zusammenhang, den Produktlebenszyklus zu bestimmen und bei der Planung zu berücksichtigen.

Folgende Fragestellungen können in der Produktpolitik erörtert werden:

- Welche Produkte sollen auf dem Markt vertrieben werden?
- Wie sieht die Verpackung aus?
- Ist es nötig, ein bestehendes Produkt von Markt zu nehmen?

Price – Preispolitik

Bei der Planung der Vermarktung spielt der Preis eine wichtige Rolle, was im Übrigen schon weit vor der Entstehung des Marketing-Begriffs so war. Hier geht es also darum, zu überlegen, wie das Unternehmen seine Preisgestaltung aufbauen möchte, um ein faires Preis-Leistungs-Verhältnis zu erzielen und gleichzeitig einen möglichst hohen Gewinn zu erwirtschaften. Behandelt werden Fragen wie:

- Welchen Preis soll mein Produkt bekommen?
- Soll es eventuell Rabatte geben?
- Welche Optionen zu Versand und Lieferung gibt es?

Place – Vertriebspolitik

In der Vertriebspolitik geht es um Maßnahmen, die die Distribution des angebotenen Produkts bzw. der Dienstleistung angehen. Geklärt werden muss hierbei u. a.:

- Wo soll das Produkt verkauft werden?
- Zu welchem Zeitpunkt oder in welchem Zeitrahmen?
- Werden Groß- und Einzelhändler zwischengeschaltet oder wird das Produkt direkt an den Kunden vertrieben?
- Gibt es Zielmengen beim Verkauf dieses Produkts?

Promotion – Kommunikationspolitik

Hiermit gemeint sind alle Mittel, die zum Verkauf der Produkte und der Ansprache der Kunden herangezogen werden.

Elementare Fragen sind zum Beispiel:

- Wie und wo soll das Produkt beworben werden?
- Soll beispielsweise auf einer Messe ausgestellt oder im Fernsehen Werbung geschaltet werden?
- Wie kann ein Social-Media-Auftritt aussehen?

Da nun alle Bereiche angesprochen wurden, möchten wir noch klären, warum ein guter Marketing-Mix so wichtig ist. Die sinnvolle Bündelung aller geplanten Maßnahmen sorgt dafür, dass eine definierte Zielgruppe wirkungsvoll angesprochen und idealerweise nachhaltig an das Unternehmen gebunden werden kann.

Dabei hängt die Wirksamkeit der durchgeführten Aktivitäten stark von vorausgehenden Zielsetzungen ab, weshalb sich eine große Investition an Überlegung und Strategie im Voraus auszahlt. Da der Marketing-Mix auf eine Kundenansprache abzielt, beeinflusst dieser also unmittelbar den Umsatz und den Gewinn eines Unternehmens.

Märkte und Marktteilnehmer

EINFÜHRUNG IN DIE MARKTFORSCHUNG

Entscheidungen im Marketing verlangen nach vielfältigen Informationen über den Markt. Hierbei geht es beispielsweise um Wissen über Kunden, den Wettbewerb und natürlich auch die eigene Geschäftssituation.

Die Aufgabe der Marktforschung ist also die umfassende Ermittlung dieser Informationen oder, wissenschaftlich ausgedrückt, die systematische Erforschung eines definierten Teilmarktes. Sie ist signifikant für jedes Unternehmen, um sich erfolgreich am Markt zu etablieren. Die Marktforschung ist ein

Teilgebiet der Marketingforschung mit dem wesentlichen Unterschied, dass letztere sich vorwiegend auf die Situation im Unternehmen konzentriert und sich somit nicht auf die Märkte beschränkt.

Zu den Aufgaben der Marktforschung zählen:

• Die Ermittlung umfassender Informationen über die entscheidenden Absatzmärkte

• Hilfestellung bei der Auswahl der am besten geeigneten Marketingmaßnahmen (Bewertungsfunktion)

• Beitrag zur ständigen Optimierung verschiedener Maßnahmen und Ursachenfindung möglicher Misserfolge (Kontrollfunktion)

• Die Erkennung von Trends und Entwicklungen (Innovationsfunktion)

• Die Bestimmung von Risiken (Frühwarnfunktion)

• Unterstützung bei der Entscheidungsfindung (Unsicherheitsreduktionsfunktion)

• Erhöhung der innerbetrieblichen Willensbildung.

Arten der Marktforschung

Je nachdem, was untersucht werden soll, wird zwischen der demoskopischen und ökoskopischen Marktforschung unterschieden:

Die **demoskopische Marktforschung** ist für die

Subjekt-bezogene Datenerhebung der einzelnen Marktteilnehmer verantwortlich, wie z. B. Alter, Geschlecht, Familienstand, Einkommen oder Beruf, während die **ökoskopische Marktforschung** objektbezogene Branchendaten wie Umsätze, Produktqualitäten oder Preise erforscht. Grundlage für letzteres ist die Beschaffenheit der Märkte und beinhaltet unter anderem Faktoren wie die Anzahl der vorhandenen Käufer und Lieferanten.

Eine weitere Unterscheidung im Bereich der Marktforschung findet statt in Primär- und Sekundärforschung. Während in der **Primärforschung** (Field Research) die Daten aus dem unmittelbaren Kontakt zu den Marktteilnehmern gewonnen werden, arbeitet die **Sekundärforschung** mit bereits vorhandenen Erkenntnissen (Desk Research). Wir wollen kurz auf beide Arten eingehen:

Primärforschung

Hierbei handelt es sich um eine empirische Methode der erstmaligen Datenerhebung, die einmalig oder wiederkehrend durchgeführt werden kann. Da sie sehr aufwendig ist, wird sie meist von großen Konzernen oder Institutionen umgesetzt und bedient sich sowohl qualitativer als auch quantitativer Methoden.

Qualitative Methoden können Interviews,

Workshops oder Beobachtungen sein und stützen sich üblicherweise auf eine kleine Personengruppe, die zwar nicht repräsentativ für die Gesamtheit ist, dafür jedoch einen tieferen Einblick in deren Entscheidungsfindung bietet.

Im Gegensatz hierzu werden bei der quantitativen Primärforschung größere Gruppen aus mehreren Tausend Personen herangezogen, die ihre Angaben z. B. mithilfe standardisierter Fragebögen machen und damit die Basis für eine statistische Auswertung schaffen.

Als Beispiele können folgende Methoden genannt werden:

• Befragung (schriftlich, telefonisch, persönlich, online)
• Beobachtung (Feld, Labor)
• Experiment (Feld, Labor, Store)
• Verbraucherpanel (Dokumentation des Einkaufsverhaltens, speziell im Bereich der Konsumgüter).

Sekundärforschung

Wie eingangs erwähnt, arbeitet die Sekundärforschung mit bereits vorhandenen Daten und leitet daraus Erkenntnisse ab. Die Verarbeitung und Interpretation dieser externen Daten können hierbei aus folgende Quellen stammen:

- Datenbanken
- Geschäftsberichte
- Amtliche Statistiken
- Bücher und Fachzeitschriften
- Preislisten
- Adressbücher
- Internet
- Studien
- Marketingmaterialien des Wettbewerbs (z. B. Kataloge)
- Verbandsmitteilungen
- Patentveröffentlichungen.

Die Ziele der Sekundärforschung können unterschiedlicher Natur sein. Beispielsweise kann hierdurch erkannt werden, dass zur Klärung einer bestimmten Fragestellung Bedarf an Primärforschung besteht, oder es können anhand der gewonnenen Daten Vermutungen angestellt und Problemstellungen näher erläutert werden.

Von zentraler Bedeutung ist jedoch immer, dass die Relevanz der Primärdaten in Bezug auf die Fragestellung gesichert ist und die Daten aktuell, vollständig, glaubwürdig und frei von subjektivem Einfluss sind.

Vor- und Nachteile der Primär- und Sekundärforschung

Primärforschung	Sekundärforschung
Vorteile:	*Vorteile:*
• authentische Daten	• Informationen sind verhältnismäßig einfach und schnell zu bekommen
• aktuell	
• exklusiv	
• gewonnene Daten sind auf eine konkrete Fragestellung bezogen, genau und relevant für die zu treffende Entscheidung.	• kostengünstiger
	• teilweise nur eine Datenquelle
	• viele mögliche Informationsfelder online zu finden.

Nachteile:	*Nachteile:*
• zeit- und kostenintensiv	• eingeschränkte Verfügbarkeit
• hoher Personalaufwand	• teilweise unspezifisch oder zu allgemein
• gute, eigene Kenntnisse erforderlich	• eingeschränkte Aktualität
• wegen des hohen Aufwands oft nur mit externer Hilfe durchführbar.	• unpassender Detaillierungsgrad
	• nicht exklusiv, da allgemein zugänglich
	• wenig vergleichbar bei unterschiedlichen Quellen.

Gut zu wissen: Informationen aus der Sekundärforschung sollten immer zuerst geprüft und genutzt werden, denn sie gelten als Basisdaten und erleichtern den Einstieg in die Problemstellung. Außerdem tragen sie zur Wirtschaftlichkeit der Marktforschung bei.

Wie Sie oben gesehen haben, gibt es also bei beiden Forschungsmethoden viele Aspekte zu berücksichtigen. Doch warum ist Marktforschung so wichtig? Die folgenden beiden Beispiele verdeutlichen, was passieren kann, wenn man die Situation auf den Absatzmärkten ignoriert und Trends schlichtweg nicht wahrnimmt:

Das weltbekannte Computerunternehmen IBM fokussierte sich lange Zeit ausschließlich auf die Produktion und den Vertrieb von Standcomputern (Main-Frames) und realisierte die Marktentwicklung hin zu PCs und zum Laptop viel zu spät. Ein schwerwiegender Fehler, der für das Unternehmen große verfehlte Gewinnchancen bedeutete und mit entsprechender Marktforschung zu vermeiden gewesen wäre.

Ein zweites Exempel stellt die amerikanische Autoindustrie dar, die über mehrere Jahrzehnte nur für den heimischen Markt produzierte und aufgrund des günstigen Benzinpreises auch fast ausschließlich große Pkw mit entsprechend hohem Benzinverbrauch herstellte.

Das hatte zum Nachteil, dass sich diese Modelle schlecht für den Export eigneten, was der Autoindustrie dann zum Verhängnis wurde, als in den USA die Benzinpreise deutlich anstiegen und kleinere, sparsamere Modelle aus Japan besser verkauft werden konnten. Die amerikanische Autoindustrie musste somit wichtige Marktanteile unfreiwillig aufgeben – mit Folge einer Krise, die bis heute ihre Spuren hinterlassen hat.

Diese beiden Beispiele zeigen deutlich, dass es für jedes Unternehmen überlebenswichtig ist, die Entwicklung des Marktes stetig zu beobachten, zu analysieren und anhand der Erkenntnisse entsprechend nachhaltig zu handeln.

MARKTABGRENZUNGEN

Ein Markt ist aus ökonomischer Sicht das Zusammentreffen von Angebot und Nachfrage oder auch der Übertragung von Verfügungsrechten. Doch was ist nun unter der Abgrenzung eines Marktes zu verstehen? Eine Marktabgrenzung soll den relevanten Markt eines Unternehmens bestimmen und in diesem Zusammenhang ermitteln, ob es eine marktbeherrschende Position einnimmt oder gar einen Monopol innehat. Diese Aufgaben werden meist von den Kartellbehörden übernommen, wobei diese den zu betrachtenden Markt in **sachlicher**, **räumlicher** und **zeitlicher** Hinsicht abgrenzen.

Als Beispiel für die Bedeutung von Marktabgrenzungen kann der Bananenproduzent Chiquita herangezogen werden: Wird angenommen, dass das Unternehmen „Obst" vertreibt, ergibt sich bei entsprechender Berechnung ein Marktanteil von nur ca. 5 Prozent. Bei Zugrundelegung einer reinen Bananenproduktion steigt dieser Anteil jedoch auf ungefähr 50 Prozent, was auf eine hohe Marktmacht schließen lässt. In einem solchen Falle muss eine genaue Beobachtung stattfinden, sodass, wenn erforderlich, direkt eingegriffen werden kann. Wahrscheinlicher ist in der Praxis allerdings, dass hier der gesamte Obstmarkt abgegrenzt würde, da davon auszugehen ist, dass eine starke Preiserhöhung die Nachfrage der Kunden nach Bananen auf andere Obstsorten lenken würde. Die Erfüllung bestimmter Eigenschaften eines Produkts spielt also ebenfalls eine wichtige Rolle.

Nachfolgend werden die verschiedenen Arten der Marktabgrenzung kurz erläutert:

Sachliche Marktabgrenzung

Die sachliche Marktabgrenzung ist das Herz der Marktermittlung und bringt in Erfahrung, welche Produkte und Dienstleistungen der relevante Markt zum jetzigen Zeitpunkt anbietet. Es wird hier auch vom sogenannten Bedarfsmarktkonzept gesprochen. Zum betrachtenden Angebotsmarkt werden alle Produkte und Dienstleistungen gezählt, die in Bezug auf den Bedarf des Konsumenten hinsichtlich Funktion, Eigenschaft und Preis substituierbar sind. Nicht zu unterschätzen sind hier allerdings die Gewohnheiten der Kunden: Trocken- und Nassrasierer sind beispielsweise gegeneinander zu ersetzen, hat sich ein Kunde jedoch erst einmal an eine bestimmte Art der Rasur gewöhnt und ist damit zufrieden, ist ein Wechsel eher unwahrscheinlich.

Doch auch die Produzenten spielen eine große Rolle beim Thema Marktabgrenzungen und eventuelle Marktbeherrschung. Ein Hersteller kann seine angebotenen Produkte und Dienstleistungen jederzeit entsprechend den Bedürfnissen der Kunden anpassen. Oft sind jedoch weitere Informationen nötig, um eine sachliche Marktabgrenzung vorzunehmen, weshalb verschiedene Tests eingeführt wurden. Ein SSNIP-Test kann so zum Beispiel kontrollieren, welche Konsequenzen eine geringe Preiserhöhung für das Kaufverhalten nach sich zieht, die über einen längeren Zeitraum durchgeführt wird. Hierbei wird dann festgestellt, ob die Kundschaft eventuell auf ein anderes, ähnliches Produkt umschwenken würde.

Räumliche Marktabgrenzung

Hier spielen sowohl die Austauschbarkeit in Bezug auf die Funktion als auch Kriterien in der Produktion eine Rolle. Als gutes Beispiel für ersteres kann die Herstellung von Staubsaugerbeuteln für die bekanntesten

Markenprodukte genannt werden. Der Einzelhandel ist hier in der Lage, den bestehenden Bedarf mit Produzenten aus verschiedenen europäischen Ländern abzudecken (funktionales Kriterium). Für produktionstechnische Merkmale kann das Beispiel der Autofahrer dienen, die beim zuständigen Straßenverkehrsamt ihr Fahrzeug registrieren lassen möchten. Diese sind normalerweise abhängig von den Schilderprägefirmen, die in direkter Nähe angesiedelt sind.

Zeitliche Marktabgrenzung

Als letzte, etwas untergeordnete Unterscheidung zur Marktabgrenzung gibt es die zeitliche Variante. Ein im Dezember stattfindender Weihnachtsmarkt kann somit ein relevanter Markt sein, auf dem sich die Konkurrenzsituation nicht ändern wird, da die größte Anzahl an Firmen nur in diesem Zeitrahmen tätig sein wird. Folglich besteht keine Notwendigkeit, die Wettbewerbsverhältnisse in unterschiedliche Zeitabschnitte aufzuteilen.

Marktabgrenzung vs. Marktsegmentierung

Einen Markt zu segmentieren bedeutet, ihn zunächst zu erfassen und anschließend aufzuteilen.

Die Marktsegmentierung teilt den Gesamtmarkt auf und untersucht weitere Faktoren mit adäquaten

Marketinginstrumenten. Mögliche Segmentierungen sind beispielsweise Produkte oder Kunden, wobei innerhalb dieser Kriterien nochmals weiter unterschieden werden kann (bei Kunden zum Beispiel nach Alter, Geschlecht oder Beruf). Bei der Produktsegmentierung kann zum Beispiel eine Kategorisierung mithilfe von Jahresabschlussdaten vorgenommen werden. Die Schaffung von Wettbewerbsvorteilen sowie das Vermeiden von Substitutionseffekten gehören zu den wichtigsten Zielen in der Marktsegmentierung. Das Unternehmen kann sich im Prozess der Segmentierung nochmals genau identifizieren und eine Abgrenzung zum zu betrachtenden Gesamtmarkt schaffen. Weiterhin sollten hier Teilmärkte bestimmt und mögliche Marktlücken aufgedeckt werden.

Marketing-strategien und -pläne entwickeln

ANALYSE DER AUSGANGSSITUATION

B evor es an die Planung und Erstellung einer Marketingstrategie geht, sollte eine ausführliche Analyse der gegenwärtigen Ausgangssituation erfolgen. Die wichtigsten Ziele sind hierbei die Bestimmung von Gegebenheiten und Veränderungen, aber auch das Erkennen von Chancen und Risiken. Für ein Unternehmen, das erfolgreich am Markt agieren will, ist es unerlässlich, sowohl über die aktuellen Marktgegebenheiten also auch die gesamte wirtschaftliche Situation genaustens informiert zu sein.

Die rechtzeitige Wahrnehmung von Veränderungen ist ebenso von zentraler Bedeutung, um schnell reagieren und auftauchende Chancen nutzen und Risiken umgehen zu können.

Die strategische Ausgangssituation wird normalerweise in den zwei folgenden großen Bereichen vorgenommen:

• Analyse des Umfelds (Marktsituation, Kundenbedürfnisse)

• Analyse der Unternehmenssituation.

Umfeld

Unter die Betrachtung der weltweiten Faktoren, also der Makro-Umwelt, fällt die Analyse gegenwärtiger als auch zukünftiger Entwicklungen in den Bereichen Gesamtwirtschaft, Politik, Gesellschaft, Technologie und Recht.

Die immer weiter steigende Nutzung von Smartphones beispielsweise ist ein Trend, der für viele Sektoren von besonderer Wichtigkeit ist und genau überwacht werden sollte. Technologische und gesellschaftliche Entwicklungen können immerhin für viele Unternehmen von großer Bedeutung sein, da sich hier viele Chancen ergeben. Dies setzt allerdings voraus, dass das Unternehmen ein wachsames Auge auf den Markt behält, damit keine Wettbewerbsnachteile entstehen.

So hat zum Beispiel der große Elektronikhersteller Siemens die damalige Entwicklung von Kameras, Farb- und Touchdisplays verpasst, konnte sich fortan nicht mehr auf diesem Markt behaupten und musste diesen verkaufen.

Marktsituation

Wie der Fachbegriff schon andeutet, ist die Analyse der Marktsituation um einiges spezifischer auf den relevanten Markt ausgelegt. Die grundsätzlichen Charakteristika dieses Marktes, wie zum Beispiel das Marktwachstum, sind in diesem Zusammenhang essenziell. Aber auch mögliche Änderungen in den Bedürfnissen der Kunden und deren Verhalten sind bedeutend, denn es werden alle Kunden des betreffenden Marktes untersucht, nicht nur bereits bestehende. Als Letztes gilt es, die Wettbewerber zu erwähnen, denn es ist entscheidend zu wissen, wer genau diese sind und welchen Zielen und Strategien sie nachgehen.

Ein beliebtes Instrument für die Marktanalyse ist die Branchenstrukturanalyse von Porter, die die Attraktivität einer Branche mittels 5 Wettbewerbskräften analysiert und über die Strukturmerkmale einer bestimmten Branche aufklärt.

Auch die Konkurrenzanalyse ist von Wichtigkeit. Hierbei werden die Stärken und Schwächen sowohl direkter als auch indirekter Wettbewerber gegenüber der eigenen Firma ermittelt. Ziel ist es, Wettbewerbsvorteile zu definieren.

Weitere Analysemöglichkeiten des Tätigkeitssektors sind die Einschätzung der Marktgröße, seine Wachstumsmöglichkeiten und die aktuelle Phase im Branchenlebenszyklus. Die weitere Umwelt kann mit einer sogenannten STEP-Analyse genauer betrachtet werden. Die STEP-Analyse beschreibt die gegenwärtigen Entwicklungen im makroökonomischen Umfeld mittels 4 Dimensionen:

- Soziokulturelle Einflüsse
- Ökonomische Einflüsse
- Technologische Einflüsse
- Politisch-regulatorische Einflüsse.

Kundenbedürfnisse

Zusätzlich zu den Entwicklungen im weiteren Umfeld und der Struktur der Branche ist sehr wichtig, die Trends in der Branche selbst zu fokussieren. Die Marktanforderungen müssen identifiziert und Kundenbedürfnisse erörtert werden. Ohne Kunden kann ein Unternehmen nicht fortbestehen, weshalb es unerlässlich ist, sich am Nachfrager auszurichten und sein Unternehmen „client centric" aufzubauen.

Mit einem sogenannten Modell der Lebensphasen können erste Kundenbereiche mit gleichen oder ähnlichen Bedürfnissen hergeleitet und untersucht werden. Dies stellt einen wesentlichen Schritt auf dem Weg zum Verständnis der Kundenerwartungen und -wünsche dar und hilft, „client centric" agieren zu können.

Daher ist Customer Centricity auch für die Strategie des Unternehmens von großer Wichtigkeit. Im weiterführenden Strategieprozess kann das Verständnis um die Bedürfnisse der Kunden ebenso sehr bedeutend sein, beispielsweise wenn es im Rahmen der Strategieumsetzung sinnvoll ist, die Organisationsstruktur noch kundenorientierter zu gestalten.

Modell der Lebensphasen

Kindheit → Ausbildung → Einstieg in den Beruf → Gründung einer Familie → Etablierung im Beruf → Konsolidierung im Beruf → Rentenalter → Ableben

Ein geeignetes Mittel, um die wichtigsten Ergebnisse aus der Analyse des Umfelds zu konsolidieren, ist das Chancen-Gefahren-Profil. Im weiteren Verlauf können diese dann zum Beispiel in einer SWOT-Analyse gemeinsam mit den Erkenntnissen aus der Unternehmensanalyse tiefergehend beurteilt werden.

Ein Zukunftsbild eignet sich hervorragend, um die maßgebenden Markttrends zusammenzufassen. Hier ist ersichtlich, wohin sich der Absatzmarkt über einen festgelegten Zeithorizont (z. B. 3 oder 8 Jahre) wahrscheinlich hinbewegen wird. Es schließt zentrale Aussagen der jeweiligen Entwicklungsbereiche (z. B. Gesundheit oder Digitalisierung) mit ein und gibt eine knappe und plausible Zusammenfassung der Analysephase. Dieses Zukunftsbild steckt nun den Rahmen für den folgenden Strategieprozess ab.

Anwendungsfall: Anfertigung eines Zukunftsbildes mit Trends für den schweizerischen Gesundheitsmarkt

Ein großes Versicherungsunternehmen hat es sich zur Aufgabe gemacht, einen Strategieprozess zu erarbeiten. Im Rahmen der Analyse der Ausgangssituation wurde ein Zukunftsbild erstellt. Es waren bereits einige Fragmente aus der Umfeldanalyse vorhanden, welche sowohl aus internen als auch aus externen Quellen stammten.

Als Erstes galt es, diese zusammenzutragen. Folgende Faktoren spielten in unserem Beispiel für den Gesundheitsmarkt in der Schweiz eine Rolle:

- personalisierte Medizin
- zunehmende Spezialisierung
- Bedürfnisse der Kunden
- Digitalisierung
- verstärkte Regulierung.

Im zweiten Schritt sollten nun die fehlenden Komponenten gefunden und ergänzt werden, wofür ein Workshop ins Leben gerufen wurde. Hier wurden die Elemente des Zukunftsbildes vom Strategieteam erörtert und angepasst.

Mit dem nun fertigen Zukunftsbild waren sich alle Teilnehmer einig, welche Trends und

Marktveränderungen für das Versicherungsunternehmen wichtig sein würden. Für alle nachfolgenden Schritte der Strategieentwicklung ist es nun essenziell, sich auf die wichtigsten Entwicklungen zu fokussieren, da aus dem Zukunftsbild bereits eine ausführliche Dokumentation von Entwicklungen im Unternehmensumfeld vorliegt.

Schließlich wurden 10 strategische Voraussetzungen aus dem Zukunftsbild abgeleitet, die wiederum zeigten, welcher Handlungsbedarf in den nächsten Jahren auf das Unternehmen zukommt. Weiterhin wurden Annahmen über das spätere Geschäftsmodell dargestellt:

Absatzmarkt: Es besteht eine starke Prägung des Gesundheitsmarktes seitens der Konsolidierung im stationären Bereich sowie von neuen Angeboten und Geschäftsideen im ambulanten Sektor.

Kundenbedürfnisse: Die Anforderungen und Wünsche der Nachfrager unterscheiden sich je nach Lebensphase, Gruppenzugehörigkeit und weiteren Faktoren.

Umwelt: Zunehmendes Umweltbewusstsein lässt nachhaltige und umweltfreundliche Produktlösungen in quasi allen Branchen immer beliebter werden.

Unternehmenssituation

Diese interne Analyse des Unternehmens findet im zweiten Schritt der Ausgangsanalyse statt. Im Gegensatz zur Umfeldanalyse sollen hier die internen Merkmale des Unternehmens genau begutachtet und beurteilt werden. Ziel ist es, Stärken und Schwächen zu erkennen. Die Anwendung verschiedener Methoden, wie z. B. die Betrachtung der Produktlebenszyklen, die SWOT-Analyse oder das Benchmarking ist hier für eine realistische Beurteilung ebenfalls unerlässlich

Analyse von Kompetenzen und Ressourcen

Eine Prüfung der Kompetenzen oder auch Unternehmensfähigkeiten legt offen, wo die jeweiligen Stärken und Schwächen anzusiedeln sind. Sie ist immer funktionsbezogen und soll genau die Befähigungen zeigen, die für das jeweilige Geschäftsmodell von zentraler Wichtigkeit sind.

Die Analyse der Ressourcen hingegen ist nicht funktionsbezogen und basiert auf den folgenden 4 Eigenschaften:

- Nicht-Imitierbarkeit
- Nicht-Substituierbarkeit
- Unternehmensspezifität
- Fähigkeit zum Hervorbringen eines Kundennutzens.

Hierbei gilt es besonders, die sogenannten Kernkompetenzen zu definieren, da für ein Unternehmen strategisch relevante Kompetenzen und Ressourcen eine zentrale Rolle spielen. Kernkompetenzen schaffen folgende Grundlagen:

- Sie tragen wesentlich zum Kundennutzen bei.
- Sie sind individuell und nur schwierig zu imitieren.
- Sie können auf neue Absatzmärkte und Produkte übertragen werden.

Analyse der eigenen Konkurrenzfähigkeit

Erinnern Sie sich nun zurück an die Analyse des Umfelds. Hier wurde bereits die Marktsituation mit dem Wettbewerbsumfeld analysiert. Jetzt – im Rahmen der Unternehmensanalyse – ist es an der Zeit, die eigene Konkurrenzfähigkeit einmal genau anzuschauen, indem die eigenen Stärken und Schwächen denen der Wettbewerbsunternehmen gegenübergestellt werden.

Folgende Fragen können hierbei unterstützen:

• Hat meine Organisation Stärken, die ein Eintrittshindernis für den Wettbewerb sein können oder Schwächen, die die Effektivität dieser Hindernisse mindern?

• Welche Stärken und Schwächen beeinflussen meine Verhandlungsposition gegenüber Kunden und Lieferanten?

• Welche Stärken und Schwächen ergeben sich aus der Größe meines Unternehmens im Vergleich zum Wettbewerb?

Analyse des Produktlebenszyklus

Es gibt zwei Arten, auf die der Produktlebenszyklus für die strategische Unternehmensanalyse betrachtet werden kann:

• Produkt- und Programmpolitik

• Ansprüche an die Funktionsbereiche.

Die Analyse des Produktlebenszyklus dient der Bestimmung und Erörterung der optimalen Sortimentszusammensetzung und -struktur.

Die einzelnen Phasen im Produktlebenszyklus verlangen nach unterschiedlichen Zusammensetzungen in den Funktionsbereichen. Somit erhalten wir mit diesem Konzept diverse Anhaltspunkte für die phasenspezifischen Thematiken rund um die Einführung, das

Wachstum, die Reife, Sättigung und eine mögliche Weiterentwicklung eines Produkts.

Analyse der Unternehmensstruktur

Die Überprüfung der Unternehmensstruktur ist ebenfalls ein wesentlicher Punkt. Je nachdem, welche Strategie(n) im nachfolgenden Strategieprozess bestimmt werden, können Modifikationen der Organisationsstruktur wichtig werden. Daher müssen die Vor- und Nachteile sowie Schmerzpunkte der momentanen Struktur schon in der Analysephase berücksichtigt werden.

Analyse der Firmenkultur

Diese Analyse offenbart die wesentlichen Werte, die dem Verhalten des Unternehmens sowie der Mitarbeiter zugrunde liegen, und beantwortet Fragestellungen, die im späteren Verlauf des Strategieprozesses essenziell sein werden (z. B., ob eine strategische Option mit der Organisationskultur vereinbar sein kann).

Alle Erkenntnisse aus der Unternehmensanalyse kommen in ein sogenanntes Stärken-Schwächen-Profil und sollten somit als Bestandteil einer SWOT-Analyse gemeinsam mit den Ergebnissen aus der Analyse des Umfelds tiefergehend angeschaut werden.

Die Unternehmensanalyse und die Resultate der Umfeldanalyse bilden nun eine Basis für weitere Strategieüberlegungen.

AUSWAHL GEEIGNETER STRATEGIEN

Basierend auf der ausgeführten Analyse der Ausgangssituation ist es nun möglich, folgende Leitfragen zu beantworten:

- **Was?** D. h.: Welche Strategieziele werden verfolgt?
- **Bei wem?** Wer ist/sind meine Zielgruppe/n?
- **Bis wann?**

Im Detail können diese Fragen dann wie folgt formuliert werden:

- Wie liegen die Prioritäten bzgl. der verschiedenen Marktbereiche? Speziell bei einem großen Budget ist es sinnvoll, genau zu schauen, auf welche Teilbereiche man sich fokussieren will.

- Welchen Anteil der vorhandenen Marketing-Ressourcen sollen bestehende und welchen neue Kunden erhalten?

- Welche Ziele sollen bis wann erreicht werden? Hier spielen Kriterien wie das Unternehmensimage, die Kundenzufriedenheit oder die angebotenen Leistungen eine Rolle.

- Welches Timing für die Erreichung der Markterfolgbezogenen Ziele soll angestrebt werden (z. B. die Kundenanzahl oder durchschnittliche Kaufhäufigkeit)?

- Welche ökonomischen Marketingziele sind uns wichtig und sollen verwirklicht werden (Umsatz und Gewinn)?

Diese strategischen Basisfragen zur Unternehmenspositionierung im Wettbewerbsumfeld und zum Kundennutzen können im Rahmen der Strategieauswahl gestellt werden:

• **Welchen Benefit kann unser Unternehmen den Nachfragern bieten?** Zu unterscheiden gilt es hier den Grundnutzen und den Zusatznutzen: Der Grundnutzen beinhaltet den zentralen Leistungsaspekt, der erwartet wird, z. B. die Transportfunktion eines Autos. Der Zusatznutzen ist ergänzend und besonders wichtig im Bereich ähnlicher Wettbewerbsprodukte. Hier wird oft versucht, mittels Werbung einen psychologischen Zusatznutzen zu erzeugen und das Produkt wünschenswert erscheinen zu lassen, so z. B. die besonders gute Optik des Autos oder der zu erwartende Prestigegewinn.

Andere Nutzenarten sind beispielsweise der wirtschaftliche Nutzen (günstiger Preis, hilfreich bei Einsparungen), prozessbezogener Nutzen (einfache Anschaffung und Nutzung, leicht zu verstehen, simples Handling, keine Wartezeiten etc.), emotionaler/sozialer Nutzen (Trends, zukunftsträchtig, Branchenkenntnis, usw.).

• **Welche Vorteile gegenüber der Konkurrenz strebt unsere Organisation an?**
Diese Fragestellung ist essenziell für die Verfolgung einer Wettbewerbsstrategie.
Diese ist ein Teil der Marketingstrategie und behandelt

das strategische, kundenbezogene Verhalten im Absatzmarkt. Die meistverfolgten Wettbewerbsstrategien sind Kostenführerschaft (d. h. die niedrigsten Preise des Sektors), Differenzierung (z. B. sehr gute Kundenbeziehungen, bessere Produkte, usw. Kurz gesagt: Die Organisation hebt sich durch eine besondere Leistung hervor) und die Nischenstrategie (Spezialisierung auf eine Nische, in der es nur eine relativ kleine Kundenanzahl gibt, die jedoch oft recht anspruchsvoll ist, diesen Weg geht z. B. der Sportwagenhersteller Porsche).

Strategiefragen zur Innovationsorientierung
Welches Maß an Innovationsorientierung möchten wir in unserer Organisation erreichen? Dazu gibt es die nachfolgenden Strategietypen:

• **Defender:** Die Innovationsorientierung ist gering, dies kommt oft bei Nischenstrategien vor.

• **Analyzer:** Die Innovationsorientierung ist mittelgroß und die Risikobereitschaft nicht besonders hoch. Dafür werden Erfolgschancen sorgfältig analysiert.

• **Prospector:** Die Innovationsorientierung ist hoch. Es wird fortlaufend und aktiv nach neuen Möglichkeiten gesucht. Die damit einhergehende Risikobereitschaft ist hoch.

Inwiefern sollen Schwerpunkte für die

Produktneuentwicklung und die Erschließung neuer Märkte gesetzt werden? Hierzu gibt es 4 Strategietypen:

- **Marktdurchdringung:** Der Innovationsgrad ist gering. Die Organisation setzt den Fokus auf bereits bestehende Produkte in erschlossenen Märkten. Nichtsdestotrotz besteht weiterhin die Möglichkeit für Innovation.

- **Produktentwicklung:** Neuentwicklung, Überarbeitung oder Weiterentwicklung angebotener Produkte in bereits bestehenden Märkten. Als Teil hiervon ist auch die Ergänzung von Produkten mit Dienstleistungen zu betrachten (Zusatznutzen). Somit kann das aktuelle Leistungsangebot erweitert (Sortimentserweiterung) oder gar ersetzt werden (Produktsubstitution).

- **Marktentwicklung:** Bereits bestehende Produkte sollen auf einem neuen Absatzmarkt vertrieben werden. Hierbei können sowohl geografische Räume, andere Vertriebskanäle oder neue Zielgruppen gemeint sein.

- **Diversifikation:** Der Innovationsgrad ist hier am

höchsten, d. h., es werden neu entwickelte Produkte auf Märkten angeboten, die bis dato nicht angegangen wurden.

Strategiefragen zum Management von Kundenbeziehungen

Wie kann das Unternehmen die Loyalität seiner Kunden sicherstellen? Es gilt zu unterscheiden:

- **Vertragliche Bindungen:** Der Kunde ist durch einen Vertrag an das Unternehmen gebunden. Dies erfolgt oft zeitlich festgelegt oder anhand von Mengenvorgaben.

- **Technisch-funktionale Bindung:** Ein bestimmtes Produkt kann nur mittels eines weiteren Produkts der betreffenden Firma verwendet werden (z. B. lässt sich Nespresso ausschließlich mit der dafür bestimmten Kaffeemaschine zubereiten).

• **Psychologische Bindung:** Hierzu zählen Faktoren wie die Kundenzufriedenheit, bestimmte Gewohnheiten oder die Bindung an eine Marke (z. B. wurde in der Familie schon immer VW gefahren). Die psychologische Bindung eines Kunden kann durch folgende Maßnahmen gefestigt bzw. gefördert werden: guter und schneller Kundenservice, kulante Reklamationsbearbeitung, individuelle Spezialangebote, Bonusprogramme, Mengen- und Treuerabatte usw.

• **Ökonomische Bindung:** Dies kann beispielsweise eine angebotene Belohnung für den Kunden sein oder die Tatsache, dass ein Wechsel für den Nachfrager unwirtschaftlich wäre. Ein gutes Beispiel ist hier die Monatspauschale in Fitnessstudios.

Wie kann der Kauf von großen Mengen unterstützt bzw. der Kauf kleiner Mengen vermieden werden? Eine Möglichkeit besteht im Einsatz von Mindermengenzuschlägen, d. h. bei Kleinstaufträgen soll der Zuschlag so angesetzt werden, dass dieser für die Materialkosten aufkommt und zusätzlich einen Mindestgewinn sicherstellt.

Strategiefragen zum Wettbewerbs- und Kooperationsverhalten:

• **Bedrohliches Wettbewerbsverhalten:** Hierzu zählen in der Preispolitik beispielsweise eine kompromisslose, stark angepriesene Niedrigpreispolitik. In der Kommunikationspolitik führen hohe Ausgaben für Werbung zu großer Reichweite und somit einer großen Kundenanzahl. Dies stellt eine hohe Markteintrittsbarriere dar. Im Rahmen der Vertriebspolitik zählt eine starke Kontrolle der Absatzwege zum bedrohlichen Wettbewerbsverhalten. In der Produktpolitik bedeutet ein großes Produktportfolio einen höheren Aufwand für Nachahmer. Zu guter Letzt sollte nun noch das Management der Kundenbeziehungen angesprochen werden: Hier kann durch das Bestehen einer sehr hohen Loyalität Abschreckung für Konkurrenten erzielt werden.

• **Kooperationsverhalten:** Beispielsweise kann ein Unternehmen zusammen mit einem Wettbewerber bestimmte Markteintrittslücken für weitere Konkurrenten aufbauen. Eine andere Möglichkeit besteht in der Schaffung von gegenseitigem Zugriff auf Know-how und weitere Ressourcen (Erfahrungsberichte, Werbeoptionen, Beziehungen).

• Auch Umsatzsynergien zählen zum Kooperationsverhalten, wozu z. B. die Vermittlung mit Provision oder das sog. Cross-Selling (deutsch: Querverkauf, d. h. Ausnutzen einer bestehenden Kundenbeziehung für den Verkauf ergänzender Produkte oder Dienstleistungen) zählt. Diese Arten der Kooperation mit Wettbewerbsunternehmen kann gerade bei kleinem Budget sehr vorteilhaft sein.

Strategiefragen zum grundsätzlichen Aufbau des Marketing-Mix:

• Wie stark sollen einzelne Kundensegmente in der Bearbeitung differenziert werden?

• Soll die Bearbeitung der Kunden standardisiert oder segmentspezifisch erfolgen?

• Welche Preispositionierung (Tiefpreis-, Mittelpreis-, Hochpreisposition) soll eingenommen werden? Unternehmen, die einen neuen Markt erschließen wollen, streben oft vorübergehend ein außerordentlich günstiges Preis-Leistungs-Verhältnis an.

• Wie hoch soll das Marketingbudget angesetzt werden und welche Verteilung soll auf die einzelnen Marketinginstrumente erfolgen?

Zusammenfassend lässt sich zu den Strategieüberlegungen festhalten, dass die ausgewählte Strategie stets die nachfolgenden 4 Kriterien erfüllen sollte:

• Es ist wesentlich, dass die Marketingstrategie eine Kompatibilität mit der Unternehmensstrategie aufweist und sich keine Widersprüche aus Maßnahmen und Zielen ergeben.

• Die Strategie benötigt als Basis ausreichende Informationen.

• Die inhaltliche Bedeutung der Marketingstrategie muss genau und angemessen sein.

• Die Umsetzbarkeit muss hinsichtlich zur Verfügung stehender Mittel und denkbarer Gegenreaktionen des Wettbewerbs realistisch sein.

Beispiel aus der Praxis

Das folgende Beispiel zeigt auf, wie die Erarbeitung einer ganzheitlichen, erfolgreichen Marketingstrategie in der Praxis aussehen könnte:

Ein kürzlich gegründetes Unternehmen verkauft Outdoor- und Freizeitbekleidung nach eigenem Design. Der Verkauf erfolgt sowohl in Ladengeschäften in einer Kleinstadt als auch über den Onlineshop des Unternehmens. Die Erstellung einer Marketingstrategie könnte nun wie folgt aussehen:

SWOT-Analyse der Ausgangssituation

- Es befinden sich keine Geschäfte in der Nähe, die ähnliche Produkte im Sortiment haben (= Chance).

- Im Onlinehandel besteht große Konkurrenz (= Risiko).

- Ein individueller Pluspunkt ist das eigene Design (= Stärke).

- Es ist noch keine Kundschaft vorhanden (= Schwäche).

Zielsetzung

- Sowohl im stationären als auch im Onlinehandel muss ein Kundenstamm aufgebaut werden (es sollten Kundenzahlen als Zielwerte definiert werden).

- Die Marke muss etabliert werden.

- Der Umsatz für das erste Geschäftsjahr muss geplant werden.

Entscheidungsfindung für die verschiedenen Maßnahmen

- Es muss ein Corporate Design entwickelt werden (Festlegung der Unternehmensfarben, Entwicklung eines Logos, Definition von Bildwelten etc.).

- Zur Neueröffnung soll es eine Gutscheinaktion geben (sowohl online als auch mittels regional verteilten Flyern).

- In der Stadt soll eine Sportveranstaltung gesponsort

werden.

- Es soll ein Blog rund um das Thema Outdoor-Aktivitäten ins Leben gerufen werden. Die verwendeten Texte sollen hierbei SEO-konform aufbereitet werden und es soll einen Link zur Newsletter-Anmeldung im Rahmen des E-Mail-Marketings geben.
- Auf Social-Media-Plattformen (Facebook, Instagram etc.) soll eine Community aufgebaut werden.
- Es sind Affiliate-Kooperationen im Outdoorbereich in Planung.

Erfolgsmessung

- Die Entwicklung der Kundenanzahl muss fortlaufend beobachtet werden, auch bezogen auf die einzelnen Marketingstrategien.
- Beide Umsatzkanäle benötigen ständige Überwachung (online und offline).
- Im Rahmen der Kostenkontrolle soll erörtert werden, welche Marketingstrategien rentabel sind und welche nicht.

TIPPS FÜR EINE EFFEKTIVE MARKETINGSTRATEGIE

Natürlich sind eine kluge Auswahl und die Verknüpfung mehrerer Teilstrategien für den Erfolg des Marketings im Unternehmen wichtig. Es gibt jedoch weitere Aspekte, die ebenfalls hineinspielen. Achten Sie also besonders auf diese Punkte:

Behalten Sie stets Ihre Zielgruppe im Blick

Denken Sie darüber nach, mit welcher Marketingstrategie Sie Ihre Kunden am besten erreichen können. So kann z. B. eine heterogene Kundschaft in einem stark Konkurrenz-betriebenen Markt am besten mittels Guerilla- oder Eventmarketing angesprochen werden. Die unterschiedlichen Maßnahmen des Online-Marketings hingegen eignen sich besser für Zielgruppen, die dem Internet und dem Online-Shopping sehr zugewandt sind.

Denken Sie an Ihre Erfolgsmessung

Den Erfolg einer Marketingstrategie können Sie nur durch eine immer wiederkehrende Erfolgskontrolle messen. Nur dann wird ersichtlich, ob sich die angewandten Maßnahmen gelohnt haben oder ob man lieber in andere Methoden investieren sollte. Ein Vorteil des Online-Marketings ist, dass die Erfolgsmessung hier durch entsprechende Tools unterstützt werden kann.

Kombinieren Sie Online- und Offline-Strategien

Eine gute Ergänzung von Marketingstrategien aus dem Online- und Offline-Bereich kann sich auszahlen. Findet z. B. ein Tag der offenen Tür statt, sollte dies in den sozialen Medien geteilt werden. So kombinieren Sie Eventmarketing mit Social-Media-Marketing.

Nutzen Sie ein CRM-System

CRM steht für Customer-Relationship-Management und ist eine Software zur Verwaltung und Abbildung des Kundenmanagements. Es hilft Unternehmen, den Überblick über ihre Kundenbeziehungen zu bewahren und ebnet den Weg zu verbessertem Service und individualisierten Marketingstrategien.

Schließen Sie vorhandene Ressourcen ein

Jede Marketingstrategie ist unterschiedlich kostenaufwendig. Beachten Sie daher bei Ihren Planungen, welche Ressourcen bereits vorhanden sind, und überlegen Sie, wie diese effizient und gewinnbringend genutzt werden können.

Überprüfen Sie Ihre Strategie regelmäßig und passen Sie sie gegebenenfalls an

Unternehmen und Absatzmärkte unterliegen einer ständigen Weiterentwicklung. Deshalb ist es wichtig, die angewandte Marketingstrategie regelmäßig zu überprüfen und nötige Anpassungen vorzunehmen.

Wichtig! Eine Marketingstrategie wird Ihre Kundschaft nur ansprechen, wenn sie einen Mehrwert anbieten kann. Dies können verschiedene Dinge sein, wie z. B. Informationen, Unterhaltung oder ein Community-Gefühl.

Kundenbindung schaffen

GRUNDLAGEN DES MARKENAUFBAUS

Herausfordernd und spannend zugleich, so könnte man die Thematik des Markenaufbaus im Rahmen der Markenführung wahrscheinlich am besten beschreiben. Dabei ist die Herausforderung nicht klein, aber mit einer wohlüberlegten Grundstruktur, optimalen Prozessen, dem Vorhandensein benötigter Ressourcen sowie mit Berücksichtigung bewährter Vorgehensweisen und Erfolgsfaktoren gelingt der erfolgreiche Markenaufbau Unternehmen jeder Größenordnung.

Was ist unter Markenaufbau zu verstehen?

Der Aufbau einer Marke setzt sich zusammen aus der Planung, Organisation, Implementierung und Kontrolle aller betreffenden Maßnahmen eines Unternehmens mit dem Ziel, eine eindeutig differenzierte emotionale Vorstellung des Kunden verbunden mit einem Unternehmen oder Produkt zu schaffen.

Markenaufbau ist nicht mit Werbung oder Vertrieb gleichzusetzen. Zum Aufbau einer Marke gehört weit mehr, als sie zu bewerben oder zu vertreiben. Zu letzterem ist sogar zu erwähnen, dass viele Marken bereits von Vertriebsmitarbeitern oder Vertriebsvorständen zerstört wurden, da zu viele Rabatte oder Preissenkungen den Tod für eine altbekannte und bewährte Marke bedeuten. Natürlich benötigt eine Marke auch Medien, Multiplikatoren und strukturierte Kundenkommunikation, aber speziell im B2B-Bereich ist Werbung bei Weitem nicht alles.

Vision, Commitment, Umsetzung – drei zentrale Merkmale des Markenaufbaus. Es braucht eine klare Vision, um eine Marke zu entwickeln. Nur so können Mitarbeiter mitgerissen werden und die passenden Tools zum Einsatz kommen. Aus diesem Grund ist es auch unerlässlich, das Markendenken in der Geschäftsführung zu verankern, denn genau dort entstehen

Visionen und Strategien. Als Nächstes müssen die Mitarbeiter angesprochen werden, um diese Markenvision zu unterstützen und als ein Ganzes ein Commitment aufbauen zu können. Im dritten Schritt können dann passende Kommunikations- und Vertriebswege ausgewählt werden, um die Marke weiter aufzubauen und zu etablieren.

Warum ist Markenaufbau so wichtig?
Marken haben einen grundlegenden Vorteil, sowohl für deren Inhaber als auch für Unternehmen: Sie sind als **Kommunikationsinstrument** wichtig für das effiziente Agieren eines Unternehmens und das sowohl für das interne als auch das externe Marketing.

Marken sind ein **Rentabilitätstreiber:** Verschiedene wissenschaftliche Studien belegen, dass der Markenwert (Reputation), der durch Massenkommunikation erzielt wird, einen besonders positiven Einfluss auf die Rentabilität der untersuchten Unternehmen hat.

Als Schlussfolgerung lässt sich somit festhalten, dass der Unternehmenswert mithilfe einer Marke gesteigert werden kann.

Aber Marken stiften auch **Identität**. Sie werden adaptiert und stellen für Kunden oder auch soziale Gruppen eine identitätsstiftende Funktion dar. Mithilfe der Marke kann sich die Kundschaft differenzieren oder durch die Nutzung der Marke eine Zugehörigkeit demonstrieren. Hierbei handelt es sich um eine soziale Funktion, die durch die Emotionalisierung einer Marke erreicht werden kann.

Marken tragen zur Identifikation bei. In Konkurrenz-intensiven Märkten, wo man oft von der angebotenen Produktvielfalt überfordert ist, können sie ein Leuchtturm sein und Orientierung bieten. Die Marke offeriert einen Wiedererkennungswert, schafft Vertrauen und erleichtert dem Nachfrager somit die Kaufentscheidung. Dieses Prinzip gilt sowohl im Business Marketing (B2B) als auch im Consumer-Bereich (B2C).

Marken versprechen Qualität. Eine Marke beinhaltet immer eine verbale oder nonverbale Aussage über die Qualität des Produkts. Aus diesem Grund ist es enorm wichtig, vor dem Markenaufbau das Qualitätsverständnis des Unternehmens zu erörtern. Welche Versprechen wollen wir mit unserer Marke geben? Welche Kundenerwartungen sollen mit unseren Produkten und Dienstleistungen erfüllt werden und welche nicht?

Marken sind Innovationsbasis. Für starke und etablierte Marken ist es wesentlich einfacher,

Innovationen in den Markt einzubringen. Bereits bestehende Marken haben den Vorteil des Vertrauensvorschusses und der vorhandenen Innovationslandschaft. Dies hat zur Folge, dass Produktneuheiten mit deutlich weniger Aufwand eingeführt werden können und auf eine vorbereitete Marktsituation auftreffen.

Marken verankern Kundenbindung

Marken bieten Möglichkeiten, Kunden langfristig an ein Unternehmen zu binden. Kunden, die einmal den Weg zu einer Marke gefunden haben und aus Zufriedenheit bleiben, sind profitabel für die Organisation und sichern das Geschäftsmodell. Das steigert den Kundenwert und auf lange Sicht den Unternehmenswert. Zwar sind zu Beginn beim Markenaufbau teils große Investitionen nötig, die sich aber bei richtiger Markenführung auszahlen, sodass die Erträge aus der Marke die ursprünglichen Investitionen weit überschreiten.

Marken bedeuten Verhandlungsmacht

Bei Verhandlungen können starke Marken mit Wettbewerbsvorteilen punkten und für zusätzliche Erträge sorgen.

Wann ist der richtige Zeitpunkt, um sich mit dem Aufbau einer Marke zu beschäftigen?

Eine Marke baut sich nicht nebenbei auf. Dass es ein durchdachtes Konzept und sinnvolle Umsetzung braucht, wurde bereits ausführlich erläutert. Es gibt aber darüber hinaus drei unterschiedliche Ansatzpunkte, wann ein sinnvoller Zeitpunkt sein kann:

Start-ups: Natürlich liegt es nahe, dass man sich als Start-up überlegen muss, wie man seine Marken aufbauen möchte. Aber ist das wirklich der Fall? Gerade in der Gründungsphase können die Vielfalt der anfallenden Aufgaben, die generelle Unsicherheit am Anfang, die Vertriebssituation und der finanzielle Druck eine Überforderung darstellen. Oft geraten dann Fragen zur Markenführung erst mal in den Hintergrund. Dennoch sollten gerade in dieser heiklen Anfangsphase wichtige Fragen geklärt werden:

• Wofür soll unsere Marke stehen?

• Welche Leistung und welchen Nutzen versprechen wir?

• Welche Zielgruppe ist interessant?

• Was ist unser Wiedererkennungswert?

Es ist ratsam, sich hierbei Unterstützung von außen zu holen. Auch wenn der finanzielle Spielraum in der

Start-up-Phase eingeschränkt ist, kann ein Markenberater bei diesem Prozess viele gute Hilfestellungen geben und somit die Lernkurve verkürzen.

Produktneueinführung

Im Produktmanagement besteht oftmals der Wunsch, ein Produkt besonders hervorzutun und im Gesamtkontext der Firma zu spezifizieren. Dabei ergibt es insbesondere dann Sinn, über die Profilierung einer Marke nachzudenken, wann immer Produktneuheiten eingeführt werden, die sich am Rand der Leistungskurve bewegen. Im digitalen Transformationsalter verändern viele Unternehmen ihre Richtung und wagen sich in neue Geschäftsbereiche und Absatzmärkte. Gegebenenfalls kann dann ein Markenaufbau Zugang zu potenziellen Neukunden, weiteren Ansprechpartnern oder neuen Geschäftsfeldern ermöglichen. Die Entscheidung zur Einführung nur eines neuen Produkts oder gleich einer ganzen Marke ist dabei nicht einfach. In Betracht kommende Alternativen sollten mit externer Hilfe ausgelotet werden, da oft nur ein externer professioneller Partner die nötige Distanz aufweist, um eine solche elementare Entscheidung rational beurteilen zu können.

Vom Produkthersteller zur Markenfirma

Besonders im B2B-Bereich findet oftmals nach einiger Zeit eine Entwicklung vom reinen Produkthersteller zum vertriebsorientierten Unternehmen und später zum Markenunternehmen statt. Gerade in Zeiten der Digitalisierung müssen sich viele Unternehmen über die Differenzierung von der Konkurrenz Gedanken machen und von einer reinen Betrachtung der Produkte lösen.

Die Transformation zum Markenunternehmen kann somit ein Differenziator sein und neue Chancen eröffnen. Es ist dann nicht nur die Herstellung und das daraus resultierende Produkt, das im Zentrum steht, sondern das Interesse der Kunden. Betrachten Sie die Einnahme einer Kundenperspektive als Lösungsansatz. Diese kombiniert mit einer Positionierung als Experte im betreffenden Bereich bietet große Wachstumschancen und bessere Umsatzmöglichkeiten als der pure Fokus auf das Produkt. B2B-Unternehmen sollten bei dieser Transformation Unterstützung von außen in Anspruch nehmen, um Grenzen in der Praxis und neue Denkweisen sehen zu lernen.

WELCHE SIND DIE WICHTIGSTEN SCHRITTE BEIM AUFBAU VON MARKEN?

Um sicherzugehen, dass der Markenaufbau Struktur bekommt, sollte die folgende Vorgehensweise Anwendung finden:

Analyse der gegenwärtigen Markenpositionierung

Ein fundamentaler Schritt im Markenaufbauprozess ist eine Bewertung und Analyse der gegebenen Marktpositionierung. Im Unternehmen und bei Mitarbeitern gibt es immer ein bestehendes Gefühl bzw. eine Wahrnehmung über die Stellung der Marke.

Diese Selbstwahrnehmung kann sich jedoch von der Fremdwahrnehmung eines Unternehmens unterscheiden, denn Bereiche wie Verwaltung, Vertrieb, Marketing und Produktion haben häufig sehr verschiedene Sichtweisen auf die Position des Unternehmens und die eigene Marke. Leider gibt es in der Praxis keine fundierten Studien oder Berichte über die Außenwahrnehmung. Vielen Unternehmen aus dem B2B-Bereich mangelt es an einem zuverlässigen Customer-Centricity-Ansatz und somit an Informationen über die gegenwärtige Marktpositionierung.

Analyse des Absatzmarktes und der Konkurrenzsituation

In welchem Markt bewegen wir uns eigentlich? Wer ist meine Konkurrenz? Welche Vorgehensweise verfolgen Kunden zukünftig mit Produkten und Lösungen? Da die externe Sicht speziell im internationalen Kontext ein herausfordernder Umstand ist, lohnt es sich, einen externen Partner oder ein Beratungsunternehmen hinzuzuziehen, sodass eine objektive Sicht gewährleistet ist. Vor allem sollte den Fragen über die entsprechende Wettbewerbsposition und die Kundenanforderungen mit einer Marktanalyse nachgegangen werden. Natürlich kann hier auch auf Ergebnisse der Marktanalyse zurückgegriffen werden, die im Rahmen der Erarbeitung einer Marketingstrategie vorgenommen wurde – vorausgesetzt, sie liegen zeitlich nah beieinander.

Analyse von Kundenstrukturen

Die genaue Identifikation der potenziellen Kundenstrukturen ist ein ebenso bedeutungsvoller Schritt beim Markenaufbau. Es liegt in der Kraft einer Marke, Reichweite bei der relevanten Zielgruppe zu erreichen, dort Interaktion zu generieren und schließlich den Umsatz damit voranzutreiben. Innerhalb dieses Kundenstamms helfen Marken, ein Profil zu ermitteln,

Differenzierung vorzunehmen und bei den Kunden ihre Position zu finden.

Natürlich ist nicht jede Marke für alle Menschen gemacht. Es ist daher sinnvoll, sich mittels Customer Insights den Nachfragern zu nähern und zu schauen, welche Wünsche und Anforderungen sie in Bezug auf den Produktbereich und das Markenumfeld umtreiben. Ohne diese Customer Insights ist ein effizienter Markenaufbau im Prinzip nicht möglich.

Aufbau der Markenpositionierung

Basierend auf der Markt- und Kundenstrukturanalyse ist es nun an der Zeit, die Markenpositionierung zu entwickeln. Diese soll aussagen, wie das Unternehmen bzw. die Marke im Umfeld von Kunden, Wettbewerb und verschiedenen Leistungsansprüchen gegenwärtig und in Zukunft agieren soll. Die Positionierung der Marke sollte einen Mehrwert für das Unternehmen und seine Kunden generieren.

Juristische Rahmenbedingungen

Beim sinnvollen und einwandfreien Aufbau einer Marke sollte auch darauf geachtet werden, dass diese juristisch optimal geschützt ist. Es gibt verschiedene Ansätze: Eine Marke kann als Wortmarke oder als Wort-Bild-Marke geschützt werden.

Der Schutz der Wortmarke ist der größtmögliche, denn er schützt jede Schreibweise, Schriftart, Schriftgröße, Groß- oder Kleinschreibung. Oftmals ist es jedoch leider nicht möglich, einen Wortmarkenschutz zu bekommen. Dies ist insbesondere dann der Fall, wenn im Markennamen umgangssprachliche Wörter enthalten sind, die nicht eintragungsfähig sind.

Eine Wort-Bild-Marke hingegen ist bezogen auf eine spezifische grafische Ausgestaltung. Das bedeutet, dass bei der Bewertung der Verwechslungsgefahr mit anderen Marken nicht nur der Wortbestandteil berücksichtigt wird, sondern auch die verwendeten grafischen Elemente. Folglich kann es passieren, dass eine bereits vorhandene Marke verletzt wird, weil gleiche Schriftarten oder sich ähnelnde Grafiken zum Einsatz kommen. Die Eintragung einer Marke wird grundsätzlich beim Marken- und Patentamt in München vorgenommen. Soll die Marke europaweit geschützt werden, erfolgt die Eintragung beim Europäischen Marken- und Patentamt in Alicante, Spanien.

DIE ANGEBOTS- UND NACHFRAGEKURVE

Um ein Marktangebot aufbauen zu können, bedarf es einiger Grundlagen zum Angebots- und Nachfragewissen. Wir wollen hier die Angebots- und Nachfragekurve betrachten und erfahren, wie der mathematische Zusammenhang zwischen Angebot, Nachfrage und Preis ist.

Angebotskurve

Das Angebot beschreibt die Menge einer Ware, die von verschiedenen Verkäufern auf dem Markt zum Verkauf angeboten wird. Das Gesetz des Angebots sagt aus: Steigt der Preis, dann steigt dementsprechend die angebotene Menge und umgekehrt.

Die positive Relation zwischen Menge und Preis wird von der Angebotsfunktion in eine mathematische Formel überführt. Die Angebotskurve zeigt dann den mathematischen Zusammenhang grafisch in einem Preis-Mengen-Diagramm, aus dem abgelesen werden kann, welchen Preis ein Produkt bei einer bestimmten Angebotsmenge hat.

> **Wichtig!** Bei der Summe aller angebotenen Mengen auf einem Absatzmarkt spricht man vom aggregierten Marktangebot.

Ein gutes Beispiel ist der Fischmarkt. Angenommen, es gibt hier nur 2 Stände, von denen jeder 4 Fische verkauft. Somit ist das aggregierte Marktangebot 8. Verändern externe Einflüsse diese Marktsituation, z. B. durch sich verringernde Fischbestände, verändert sich das Angebot unabhängig vom Angebotspreis. Dadurch erhöht bzw. senkt sich das Angebot und bewirkt eine Verschiebung der Gesamtkurve nach rechts bzw. links.

In Kombination mit der Nachfragefunktion wird das Marktgleichgewicht ermittelt.

Grundsätzlich geht man erst einmal davon aus, dass allein der Preis die Angebotsmenge bestimmt. Es ist aber auch möglich, dass sich das Angebot durch eine Entwicklung der Marktsituation reduziert oder erhöht. Doch was genau bewirkt diese Veränderung der Angebotsmenge, wenn nicht der Preis? Es müssen also externe Faktoren sein, die diese Marktsituation verändern. Es gibt 5 Faktoren, die die Angebotskurve verschieben können. Dabei führt eine Angebotserhöhung zur Rechtsverschiebung, eine Senkung dagegen zu einer Linksverschiebung.

Der Preis relevanter **Produktionsfaktoren** spielt ebenfalls eine große Rolle. Steigt beispielsweise der Preis der Fischernetze im Einkauf, wird weniger angeboten (Linksverschiebung). Sinkt dagegen der Rohölpreis, wird weniger Geld zum Betrieb der Fischkutter benötigt, sodass das Angebot steigen kann (Rechtsverschiebung).

Als Nächstes wollen wir einen Blick auf die Veränderung des **Wettbewerbsumfeldes** werfen: Steigt die Anzahl der Konkurrenten, wird das allgemeine Angebot eine Erhöhung erfahren. Eine plötzliche Erhöhung aus dem Umfeld zieht daher eine Mengenerhöhung bei gleichbleibendem Preis nach sich (Rechtsverschiebung). Eine andere vorstellbare Situation wäre, dass viele Konkurrenten ihr Geschäft aus Insolvenzgründen schließen müssen, sodass es nur noch wenige Wettbewerber gibt. Dann wird das Angebot geschmälert (Linksverschiebung).

Welche Rolle spielen **Steuern und Subventionen** bei der Angebotssituation? Wird das Fischunternehmen beispielsweise subventioniert, hat es mehr Geld zur Verfügung und kann mehr Fisch fangen und auf dem Markt an den Kunden bringen (Rechtsverschiebung). Muss das Unternehmen allerdings höhere Steuern zahlen, bewirkt das einen umgekehrten Effekt

(Linksverschiebung).

Wie sieht es mit bestimmten **Erwartungen** aus? Wird ein Nachfrageboom für Fisch erwartet, da er beispielsweise im Moment als sehr gesund geachtet wird, wird man logischerweise alles daran setzen, seine Produktion auszulasten und so viel wie möglich zu produzieren (Rechtsverschiebung). Eine schlechte Erwartung für die Zukunft hingegen wird eine Verringerung des Produktionsvolumens nach sich ziehen (Linksverschiebung).

Nachfragekurve

Unter der Nachfrage versteht man die Absicht von Nachfragern, ein Produkt oder eine Dienstleistung käuflich zu erwerben. Das Gesetz der Nachfrage sagt, dass der Preis die Höhe der Nachfrage bestimmt. Normalerweise bewirkt eine Preissenkung eine erhöhte Nachfrage: Ist der Preis einer Packung Milch beispielsweise um die Hälfte gesunken, wird man folglich mehr Milch einkaufen. Wie auch bei der Angebotsfunktion setzt hier die Nachfragefunktion diesen Kontext von Preis und Nachfragemenge in eine mathematische Formel. Die Nachfragekurve ist also eine grafische Darstellung dieser Funktion. Dort, wo die Nachfragekurve sich mit der x-Achse schneidet, liegt eine **Marktsättigung** vor, was die nachgefragte Menge bei einem Preis von null ist. Der **Prohibitivpreis** hingegen beschreibt einen Preis, bei dem niemand mehr das Produkt kaufen und die nachgefragte Menge somit null sein wird.

Wichtig! Die Summe der Nachfragemengen aller Marktteilnehmer ist definiert als die aggregierte nachgefragte Menge.

Beispiel: Wenn 2 Freunde gemeinsam einkaufen gehen und jeweils 2 Packungen Milch kaufen möchten, ohne dass es weitere Kunden im Ladengeschäft gibt, ist die aggregierte nachgefragte Menge gleich 4. Zusammen mit der Angebotskurve können Gleichgewichtspreis und Marktgleichgewicht bestimmt werden.

Inverse Nachfragefunktion

Die Relation zwischen nachgefragter Menge und Preis ist invers, also umgekehrt. Der Umstand, dass der Preis einerseits abhängig von der nachgefragten Menge ist, wird in der klassischen Nachfragekurve dargestellt. Bei einem Kauf von beispielsweise 5 Packungen Milch lautet der Preis 3 Euro. Man könnte dies aber auch umformulieren: Beträgt der Preis 3 Euro, ist man bereit, 5 Packungen Milch zu kaufen. Diese beiderseitige Beziehung kommt einem Tausch der x- und y-Achsen gleich – mit dem Ergebnis der inversen Nachfragefunktion.

Verschiebung der Nachfragekurve

Die nachgefragte Menge ist nicht immer nur vom Preis abhängig. In einigen Fällen kann sich die Nachfrage selbst erhöhen oder senken, ganz losgelöst vom Preis und nur durch diverse externe Faktoren, die eine Veränderung der Marktsituation zur Folge haben.

Man spricht dann von der Parallelverschiebung der Nachfragekurve. Eine Steigerung der nachgefragten Menge bewirkt eine parallele Rechtsverschiebung.

Es sind unterschiedliche Faktoren, die eine Verschiebung der Nachfragefunktion veranlassen können. Diese lassen sich in 4 Kategorien einteilen:

- Die Konsumenten ändern ihren Geschmack oder ihre **Präferenzen.** Kann zum Beispiel belegt werden, dass der Konsum von Fisch zur besseren Gesundheit beiträgt, wird die Nachfrage nach Fisch steigen (Rechtsverschiebung).

- Ein weiterer Einflussfaktor ist die **Anzahl der Konsumenten**. Das stetige Bevölkerungswachstum in China zum Beispiel führt zur Erhöhung der aggregierten Marktnachfrage (Rechtsverschiebung).

- Der **Preis anderer Waren beeinflusst** die

Nachfrage. Hierbei wird nach Komplementen und Substituten unterschieden. Für Müsli ist Milch zum Beispiel ein komplementäres Gut. Steigt die Nachfrage nach Müsli, so ist zu erwarten, dass auch die nachgefragte Menge an Milch steigt (Rechtsverschiebung). Ein Substitut für Milch kann zu Beispiel Sojamilch sein. Sinkt der relative Preis hiervon, werden Kunden wahrscheinlich mehr Sojamilch einkaufen und im Gegenzug bei Kuhmilch einsparen (Linksverschiebung).

• Nicht zu vernachlässigen ist das Einkommen der Kunden. Sinkt das Einkommen, während der Produktpreis gleich bleibt, wird sich der Konsument weniger leisten können. Somit wird die Nachfrage sinken (Linksverschiebung).

Von der Theorie zur Praxis

DIE WICHTIGSTEN PRAXISTIPPS FÜR MEHR UMSATZ-GENERIERUNG AUS DEM MARKETING

Marketing und Vertrieb. Oft werden sie in einem Atemzug erwähnt, was eine perfekte Ergänzung vermuten lässt – genau wie Kaffee und Kuchen. In der Praxis erinnert die Relation der beiden doch eher an Wasser und Öl.

Aus vielen verschiedenen Gründen können die Vorstellungen von Vertriebs- und Marketingteams in ganz unterschiedliche Richtungen gehen. Es lohnt, einen Blick auf die Ursachen zu werfen, um diese

Probleme lösen zu können. Begriffe sollten beiderseitig definiert und die Platzierung von Marketing und Vertrieb in der Customer Journey klar bestimmt werden. Einer harmonischen Zusammenarbeit sollte dann nichts mehr im Wege stehen. Schließlich verfolgen beide das gemeinsame Ziel der Generierung von mehr Leads (d. h. ein qualifizierter Kontakt mit einem Interessenten) und Umsatz.

Wir wollen in diesem Kapitel 5 Anregungen geben, die allen Unternehmen helfen sollen, ihre Marketing- und Vertriebsmaßnahmen besser aufeinander abzustimmen. Sie beinhalten eine Mischung aus philosophischen und technischen Vorgehensweisen, die zu einem besseren Verständnis der Abläufe führen sollen.

Tipp 1: Legen Sie gemeinsame Definitionen fest.

Es ist eine der größten Differenzen zwischen Marketing und Vertrieb und geht aus abweichenden Verständnissen dessen hervor, was ein geeignetes Lead ist und was nicht.

Das Marketing schaut häufig zu sehr auf die Menge der Leads und weniger auf deren Qualität, da sie einen gewissen Druck der Vertriebsleitung verspüren, eine möglichst große Anzahl an Leads hervorzubringen. In Folge beschwert sich der Vertrieb, dass die zur Verfügung gestellten Interessenten nicht die nötigen Anforderungen erfüllen und somit von schlechter Qualität sind. Dies wiederum führt für die Vertriebsmitarbeiter zu niedrigen Abschlussraten. Können Marketing und Vertrieb hingegen im Vorfeld gemeinsam klar definieren, was unter einem qualifizierten Lead zu verstehen ist, können viele Probleme dieser Art vermieden werden.

Eine gute Möglichkeit kann ein Vertriebs- und Marketingmeeting sein, wo in Zusammenarbeit relevante Begriffe mit Leben gefüllt werden (z. B.: Lead, qualifiziertes Lead und hochqualifiziertes Lead). Doch wie kommt man zu diesen Erkenntnissen? Hierzu müssen zuerst typische Charakteristika von Leads zusammengetragen und konvertiert werden. Versuchen Sie die Erstellung von Checklisten, die z. B. in einem CRM-System nachverfolgt werden können. Jedes Lead sollte ein Minimum an Qualifizierungselementen erfüllen, um den nächsten Schritt im Verkaufszyklus antreten zu können.

Tipp 2: Nutzen Sie Vertriebsdaten.
Nachdem eine Einigung über die Festlegung eines qualifizierten Leads gefunden wurde, bedarf es weiterer Anstrengung zur Verbesserung der Lead-Qualität, um ein befriedigendes Abschlusspotenzial erzielen zu können. Im Rahmen einer Umfrage der B2B Technology

Marketing Community führten 61 % der Marketing-Verantwortlichen die mangelnde Lead-Qualität als hauptsächliches Erfolgshindernis an. Das Hindernis ist verständlich. Immerhin haben Kunden heute eine wesentlich größere Auswahl und können aus mehr Informationsquellen schöpfen als jemals zuvor.

Dieser Vorteil kann und sollte selbstverständlich auch von Marketing- und Vertriebsteams genutzt werden. Beginnen Sie also mit einer gesunden und klar festgelegten Mischung aus demografischen Daten (z. B. welche Berufe oder Funktionen üben die Käufer aus der Zielgruppe hauptsächlich aus) und Verhaltensdaten (z. B. welche Werbekampagne oder Beilage führt zu mehr Konvertierungen), die in den Bewertungsprozess der Leads einbezogen werden müssen. Über die Zuordnung von Kaufabschlüssen einer bestimmten Kampagne in einem Vertriebsautomatisierungssystem können Berichte aufzeigen, welche Zielrichtung und Marketingbotschaft die am besten qualifizierten Leads liefern. Durch Verknüpfung von anderen Datenquellen und sozialen Medien mit Lead-Datensätzen erhalten Sie eine solide Verfahrensweise zur Lead-Qualifizierung. Sowohl das Marketing als auch der Vertrieb müssen sich im Klaren sein, das Qualität oft ihren Preis hat – in diesem Zusammenhang weniger Leads, was etwas

Mut braucht. Mit einer genauen Zielausrichtung ist es jedoch auch einfacher und effizienter, die gesetzten Verkaufsziele zu realisieren. Am Ende ist es eine Win-win-Situation: Die Pipeline des Vertriebs wird gesäubert und die Verkäufer können sich auf die Bearbeitung der wirklich qualifizierten Leads fokussieren.

Tipp 3: Schaffen Sie eine Integration von Marketing- und Vertriebs-Tools.

Logisch – müsste man meinen. Leider ist es jedoch so, dass viele Unternehmen bei der Bereitstellung und Verwaltung von Marketing- und Vertriebssystemen nach wie vor zu isoliert handeln.

So werden beispielsweise oftmals einfach Listen mit Datensätzen gekauft und mit E-Mails bombardiert. Die Antworten werden dann schnell in den Vertrieb weitergereicht. Natürlich kann dieser einfache Weg auch zu Umsatz führen, es gibt jedoch einen besseren: Mittels eines integrierten Vertriebs- und Marketingsystems verläuft der Weg der Lead-Generierung um einiges differenzierter. Hier können auch mehrere Softwareprodukte gleichzeitig zum Einsatz kommen.

Bewertungs- und Nurturing-Mechanismen (d. h. potenzielle Kunden zum richtigen Zeitpunkt mit relevanten Informationen ansprechen) können Unternehmen den Prozess der Weiterreichung von qualifizierten Leads an die Vertriebsabteilung automatisieren. So können Vertriebsmitarbeiter ihre ganze Energie in die Leads investieren, die am wahrscheinlichsten einen Kauf abschließen werden.

Tipp 4: Erlangen Sie Best Practices (d. h. bewährte oder vorbildliche Methoden) durch optimale und intelligente Arbeitsabläufe.
Qualifizierte Kontakte können auch mit integriertem Marketing- und Vertriebsautomatisierungssystem durch das Raster fallen.

Eine Bewertungsmethode kann zwar die Weiterleitung von Leads an den Vertrieb automatisch veranlassen, jedoch ist es möglich, dass die Leads von Vertriebstools falsch gemessen oder seitens der Vertriebsmitarbeiter eine ungenügende Behandlung erfahren. Wenn „heiße" Kontakte nicht abkühlen sollen, muss der Lead-Status richtig verfolgt werden und Kontrollen müssen gewährleistet sein. Nur so kann eine fristgerechte Nachverfolgung durch Vertriebsmitarbeiter sichergestellt und dem Wettbewerb kann zuvor gekommen werden.

Ein moderner Workflow im Prozess der Weiterleitung und Verwaltung der neuen Kontakte innerhalb eines CRM-Systems kann hier schon Abhilfe schaffen. So kann dieser Arbeitsablauf z. B. diverse Handlungen –

oder deren Unterlassung – bei Weiterleitung an einen bestimmten Vertriebsmitarbeiter überwachen und bei Nichtbearbeitung innerhalb eines spezifischen Zeitraums an einen weniger ausgelasteten Kollegen übergeben. Mit dieser Methode wird das Potenzial für die Konvertierung von Interessenten zu Käufern gesteigert und sichert dem gewonnenen Kunden ein positives und lückenloses Kauferlebnis.

Tipp 5: Erlangen Sie eine ganzheitliche Sicht auf Ihre Kunden.

Die schlechte Nachricht ist, CRM- und Marketingsysteme können nicht alle Verhaltensweisen von Kunden aufzeichnen. Die gute Nachricht lautet, dass es eine ganze Fülle von Kundendaten in anderen Systemen gibt, die genutzt werden können, um die Leistung des Unternehmens zu verbessern. Zum Beispiel sind in ERP- (Enterprise Ressource Planning) und Abrechnungssystemen Informationen über Transaktionen enthalten, die bewertet und in Marketing- und Vertriebsdaten integriert werden können.

Das macht es um ein Vielfaches einfacher, auf Kunden mit wirklich hohem Potenzial abzuzielen. Auch Daten aus den Social-Media-Kanälen liefern oft weitere Erkenntnisse über Vorlieben und Verhaltensweisen der Zielgruppe. In jedem Falle sollten mehrere interne und externe Quellen geprüft werden. So kann gewährleistet werden, dass Kontaktdaten fehlerfrei sind, was die Effektivität von Werbekampagnen weiter optimiert.

Zusammenfassung

Die heute Geschäftswelt ist vielfältig und anspruchsvoll. Das hat die Vorgaben im Marketing geändert. Interessenten recherchieren und informieren sich mehr, bevor sie Kontakt zum Vertrieb aufnehmen. Die Schaffung von nahtlosen Systemen, die Einnahme bedingungsloser Kundensicht und die optimale Nutzung der vielen zur Verfügung stehenden Daten über Kunden oder solchen, die es werden sollen, kann eine harmonische Zusammenarbeit von Marketing und Vertrieb fördern. Am Ende stehen qualitativ hochwertigere Kundenkontakte und eine produktive innerbetriebliche Übergabe mit höheren Abschlussraten. Heutzutage sind wir in der glücklichen Position, dass es bereits fortschrittliche, kostengünstige Technologien gibt, die diese Anstrengung unterstützen. Jedes Unternehmen hat es letztlich in der Hand, durch seine Entscheidung für eine flexible Software eine stabile Brücke zwischen Marketing und Vertrieb zu schlagen.

UND JETZT SIE: IN 10 SCHRIT-
TEN ZU IHREM MARKETING-PLAN

Marketing kann manchmal ein Labyrinth sein. Es gibt so viele Möglichkeiten und Wege, zu Erfolg zu gelangen.

Diese Vielfalt kann aber auch leicht überfordern, speziell, wenn man sich noch am Anfang befindet. Wir möchten Ihnen daher zum Abschluss dieses Ratgebers den Einstieg in die Praxis ein wenig erleichtern und Ihnen 10 einfache Schritte zur Erstellung eines praxistauglichen Marketing-Plans an die Hand geben.

Schritt 1: Legen Sie Ihre Zielgruppe fest und entwickeln Sie Verständnis für deren Problem.

Die wichtigste Grundlage für erfolgreiche Produktvermarktung ist die genaue Kenntnis der Zielgruppe, das Wissen über Wünsche, Probleme oder Herausforderungen. Eine möglichst genaue Eingrenzung dieser Personen ermöglicht eine zielgenaue Ansprache.

Schritt 2: Ergründen Sie Ihr USP.

Weshalb sollte sich Ihre Zielgruppe für Ihr Produkt und nicht das des Wettbewerbs entscheiden? Was ist Ihr Warum? Welche Überzeugung hat Ihr Unternehmen und wofür steht es?

Mehr und mehr Interessenten informieren sich in

der heutigen Zeit über die Botschaft und Wertvorstellungen einer Organisation und bewerten, ob diese zu ihren eigenen passen. Ihr Unternehmen benötigt also eine klare Motivation, weshalb ein gut informierter Interessent sich für Ihr Gut entscheiden sollte. Hier sollte in jedem Fall eine klare Antwort gefunden werden. Diese klare Antwort wird im Marketingumfeld USP (engl.: Unique Selling Proposition) genannt und bezeichnet auf Deutsch ein Alleinstellungsmerkmal, also etwas, das nur Ihr Unternehmen bieten kann bzw. wodurch sich Ihre Angebote auszeichnen.

Schritt 3: Entwickeln Sie Kundenbegeisterung.

In diesem Schritt soll eine genaue Definition für den Nutzen der Kunden gefunden werden. Wie genau bauen Sie Ihr Angebot auf, um Begeisterung bei Ihren Kunden hervorzurufen und deren Erwartungen idealerweise sogar zu übertreffen? Hier sind einige Prinzipien für eine großartige Kundenerfahrung:

• Kundenzufriedenheit soll kein Zufall sein, sondern genau geplant.

• Setzen Sie positive soziale Komponenten ein.

• Geben Sie Ihren Kunden das Gefühl der Kontrolle.

Schritt 4: Formulieren Sie Versprechen und Garantie.

Hier geht es um die Präsentation der vorher festgelegten Dinge beim Kunden. Alles, was vorher notiert und entschieden wurde, muss nun ansprechend und überzeugend „verpackt" werden, sodass Ihre Kunden Vertrauen entwickeln können.

Schritt 5: Kreieren Sie ein unwiderstehliches Angebot zum Einstieg.

Die Implementierung der ersten 4 Schritte verschafft Ihnen nun eine wichtige Basis für Ihre Marketingaktivitäten. Schritt 5 soll die Hemmschwelle für Ihre Kunden senken, eine erste Geschäftsbeziehung mit Ihrem Unternehmen einzugehen.

Es gilt also, Interessenten von einem bestimmten, verlockenden Angebot zu überzeugen. Die Neukundengewinnung verschluckt normalerweise den größten Anteil des Marketingbudgets, was bei Vorhandensein eines funktionierenden Marketingkonzepts auch gerechtfertigt ist.

Schritt 6: Inhalte in die richtigen Worte kleiden.

Nun sind Sie so weit gekommen und haben sich überlegt, was Ihre Vision und Ihre USPs sind, was Sie Ihren Kunden versprechen möchten und welches Einstiegsangebot besonders überzeugend klingt.

All dies muss nun noch in gute, klar formulierte Werbetexte überführt werden, denn nichts erschwert es Ihrer Kundschaft mehr, sich für Ihr Angebot zu entscheiden, als langweilige und schwer verständliche Texte – da kann das Angebot selbst noch so gut sein. Also, wie auch immer Sie für Ihre Produkte Marketing betreiben möchten, die verwendeten Texte entscheiden über Erfolg oder Misserfolg.

Schritt 7: Eine Reihenfolge im Marketingprozess festlegen.

Hier wird definiert, wie und wo die relevante Zielgruppe am besten angesprochen und Schritt für Schritt vom ersten Kontakt zur profitablen Stammkundschaft konvertiert werden kann. Jeder Kunde durchläuft vor dem Kauf eines Produkts unterschiedliche Stufen, die je nach Branche etwas abweichen können.

Der Fachbegriff im Marketing heißt Funnel, zu Deutsch Trichter. Man kann sich hier also in etwa vorstellen, wie ein Interessent von oben in den Trichter geführt wird und unten als Kunde wieder hinauskommt. Leider ist es in der Realität jedoch so, dass nicht alle oben eingeführten Personen unten auch wieder als tatsächliche Kunden herauspurzeln. Das liegt daran, dass der sogenannte Funnel Löcher hat, durch die in jeder Stufe potenzielle Interessenten herausfallen können. Das oberste Ziel muss daher sein, diese Löcher bestmöglich zu stopfen und gleichzeitig oben so viele neue Interessenten wie möglich in den Trichter zu führen.

Schritt 8: Definieren Sie Kanäle zur Kundenansprache.

In Schritt 7 wurden die jeweiligen Stufen des Marketingprozesses festgelegt. Schritt 8 soll nun klären, mittels welcher Möglichkeiten potenzielle Käufer von einer Stufe zur nächsten gelangen können. Hierbei muss genau abgewägt werden, welche Vertriebskanäle am besten greifen, wo die Zielgruppe gut vertreten ist und welche Kanäle gut zu Ihrem Unternehmen und den Produktangeboten passen. Beispielsweise sollten Rollatoren für Senioren nicht auf dem bei Teenagern beliebten Videoportal TikTok angepriesen werden. Konzentrieren Sie sich auf die ausgewählten Kanäle, anstatt so viele wie möglich auszuprobieren.

Schritt 9: Entwickeln Sie Zahlenverständnis.

Bevor das Gelernte nun angewendet wird, ist es noch von immenser Wichtigkeit, seine Zahlen genau zu verstehen.

Viele Menschen beschäftigen sich intensiv mit Marketing, verlieren jedoch dabei die Zahlen aus dem

Fokus. Das Verständnis von Marketing und das Berechnen seines Erfolges setzt eine sinnvolle Kalkulation voraus. Nur, wenn Sie Ihre Zahlen kennen, können Sie beurteilen, ob Ihre Marketingaktivitäten sinnvoll sind oder ob eine Verbesserung Ihrer Zahlen erforderlich ist. Kurz gesagt: Erfolgreiches Marketing setzt Zahlenverständnis unbedingt voraus.

Schritt 10: Finden Sie starke Partner.
Es ist Zeit, einen Glückwunsch auszusprechen. Sie haben an dieser Stelle die Grundlage gelegt, um Partnerschaften im Marketing einzugehen, denn gute Kooperationen sind entscheidend für Ihren Erfolg. In vielen Branchen gehören sie zur Normalität und bedeuten für alle involvierten Parteien einen Vorteil. Dies ist vor allem dann der Fall, wenn mehrere Unternehmen die gleiche Zielgruppe ansprechen und sich ähnelnde Produkte anbieten.

Fazit: Das ist Ihr Marketingplan
Wie Sie sehen, kann es auch einfach sein, eine geschäftsfähige Marketingstrategie aufzustellen. Es ist nicht vonnöten, dicke Fachbücher zu wälzen oder ein abgeschlossenes Studium zu haben. Gesunder Menschenverstand kann so vieles kreieren, vor allem vor dem Aspekt, dass sich die einzelnen Schritte eines Marketingkonzepts in allen Branchen sehr ähnlich sein.

Herstellung und Verlag:

BoD – Books on Demand, Norderstedt

ISBN: 9783753444123

1. Auflage

Kontakt: Psiana eCom UG/ Berumer Str. 44/ 26844 Jemgum

Covergestaltung: Fenna Larsson

Coverfoto: depositphotos.com